# BEI GRIN MACHT SICH IHR WISSEN BEZAHLT

# Trainingsplanung zum Krafttraining. IBL-Methode Trainingsplanung und X-RM Krafttest

Anika Kempf

**Bibliografische Information der Deutschen Nationalbibliothek:**

Die Deutsche Nationalbibliothek verzeichnet diese Publikation in der Deutschen Nationalbibliografie; detaillierte bibliografische Daten sind im Internet über http://dnb.d-nb.de abrufbar.

ISBN: 9783346628060
Dieses Buch ist auch als E-Book erhältlich.

Druck und Bindung: Books on Demand GmbH, Norderstedt Germany
Gedruckt auf säurefreiem Papier aus verantwortungsvollen Quellen

Das vorliegende Werk wurde sorgfältig erarbeitet. Dennoch übernehmen Autoren und Verlag für die Richtigkeit von Angaben, Hinweisen, Links und Ratschlägen sowie eventuelle Druckfehler keine Haftung.

Das Buch bei GRIN: https://www.grin.com/document/1185883

Deutsche Hochschule für
Prävention und Gesundheitsmanagement
Hermann Neuberger Sportschule 3
66123 Saarbrücken

# Einsendeaufgabe

**Fachmodul:**          Trainingslehre 1

**Studiengang:**        Fitnessökonomie

**Datum**
**Präsenzphase:**       02.03.2020 – 05.03.2020

**Name, Vorname:**      Kempf, Anika

**Studienort:**         **Stuttgart**

**Semester:**           **Winter 2019**

# Inhaltsverzeichnis

# 1 Diagnose

## 1.1 Allgemeine und biometrische Daten

In einem Eingangsgespräch wurden alle relevanten allgemeinen und biometrischen Daten der Testperson erhoben und Trainingsmotive, sportliche Aktivität und die verfügbare Zeit erfasst. Diese Daten sind in folgender Tabelle dargestellt.

Tabelle 1: allgemeine und biometrische Daten zur Person

| Alter | 19 Jahre |
|---|---|
| Geschlecht | Weiblich |
| Körpergröße | 1,73 m |
| Körpergewicht | 55 kg |
| Trainingsmotive | Kraftsteigerung, Muskelaufbau |
| Berufliche Tätigkeit | Ausbildung Kauffrau für Büromanagement |
| Aktuelle sportliche Aktivität | 1x pro Woche für 30 Minuten Krafttraining, Kraftausdauer, seit 3 Monaten |
| Frühere sportliche Aktivität | Gardetanz 3x pro Woche je 90-120 Minuten, fortgeschritten, 10 Jahre lang |
| Zeitlicher Verfügungsrahmen | 2-3x pro Woche, je 1,5 h |
| Blutdruck | 121/64 mmHg |
| **Allgemeiner Gesundheitszustand / Gesundheitliche Einschränkungen:** | |
| Orthopädische/ internistische Probleme | Gelegentlich Knieschmerzen nach langem Sitzen oder Stehen, nicht diagnostiziert, Skala 6/10 |
| Ärztliche Behandlungen | keine |
| Einnahme von Medikamenten | Verhütungspille |
| Sonstige gesundheitliche Einschränkungen | keine |

### 1.1.1 Bewertung der allgemeinen und biometrischen Daten

Nach Ermittlung der allgemeinen und biometrischen Daten der Probandin ist zu sagen, dass die Trainierbarkeit und Belastbarkeit nicht eingeschränkt ist.

Der BMI gibt nach WHO mit 18.38 $kg/m^2$ leichtes Untergewicht an. Würde die Person 400g zunehmen, wäre sie im Bereich des Normalgewichts für ihre Größe. Deshalb ist eine Muskelmassenzunahme erwünscht und unbedenklich. Durch ihre frühere sportliche

3

Aktivität von Gardetanz dreimal pro Woche, ist sie an ein hohes sportliches Niveau und Trainingspensum gewöhnt. Man kann davon ausgehen, dass das, über 10 Jahre aufgebaute Leistungsniveau stabiler ist, als ein kurzfristig aufgebautes Leistungsniveau und die Leistungsfähigkeit, trotz einer Pause von zwei Jahren, nur gering abgenommen hat (Friedmann, 2015, S.12). Momentan plant sich die Probandin, aus eigenen Angaben, aufgrund von fehlender Motivation nur einmal pro Woche knapp 30 Minuten für den Besuch im Fitnessstudio ein. Jedoch gibt sie an, dass sie zwei bis dreimal pro Woche für maximal 90 Minuten Zeit hätte, ein Krafttraining zu absolvieren. Sie ist nicht als Anfängerin einzustufen, da sie bereits Erfahrungen im Kraftausdauerbereich mit überwiegend funktionsgymnastischen Übungen durch Tanzen und den momentanen Trainingsplan gemacht hat.

In ihrem Alltag sitzt sie, aufgrund ihrer beruflichen Tätigkeit als auszubildende Kauffrau für Büromanagement, viel am Schreibtisch und arbeitet am Computer, wodurch sie sehr wenig Bewegung am Arbeitsplatz hat. Eine Stärkung der Muskulatur ist somit für eine aufrechte und ergonomische Haltung wichtig.

Eine Blutdruckmessung beim Eingangsgespräch ergab einen systolischen Blutdruck von 121 mmHg und einen diastolischen Wert von 64 mmHg, womit sie im Normalbereich (unter 130 mmHg zu unter 85 mmHg) der Grenzwerte nach der American Heart Association (modifiziert nach Mancia et al., 2013) liegt. Optimal wäre ein Blutdruck von unter 120 mmHg systolisch zu unter 80 mmHg diastolisch. Werte von 130-139/85-89 mmHg zählen als hochnormaler Blutdruck noch zur Normotonie. Messungen über 140/90 mmHg werden nach der American Heart Association als arterielle Hypertonie bezeichnet. Durch weitere Anpassungen des Herz-Kreislauf-Systems an das Krafttraining ist zu erwarten, dass der Blutdruck sinkt.

Der Gesundheitszustand der Frau ist, im Bezug auf Krafttraining unbedenklich, da sie nicht in ärztlicher Behandlung ist und keine Medikamente einnimmt, die Einfluss auf die Belastbarkeit nehmen. Gelegentliche Knieschmerzen nach langem Stehen oder unergonomischem, langem Sitzen stuft die Kundin auf einer Schmerzskala von 1 (kein Schmerz) bis 10 (sehr starke Schmerzen) bei 6 ein.

Unter Berücksichtigung der ermittelten Werten, ist die Trainierbarkeit und Belastbarkeit der Probandin uneingeschränkt. Es sollte jedoch Aufmerksamkeit auf die Knieschmerzen gelegt werden und beobachtet werden, ob sich diese mit der Zeit verstärken oder geringer werden.

## 1.2 Krafttestung nach der Methode des Mehrwiederholungskrafttests

Um den gegenwärtigen Leistungszustand und die Belastungsintensität in Form von Widerstandslasten genau bestimmen zu können, wird nun mit der Probandin eine Krafttestung durchgeführt. Ebenfalls ermöglicht ein Krafttest einen intraindividuellen Leistungsvergleich, macht also die Leistungsentwicklung der Kundin messbar oder vergleicht den Leistungsstand mit Referenz- und Normwerten.

Für die Testperson wurde der Mehrwiederholungskrafttest nach Marschall & Fröhlich (1999, S.311) gewählt, welcher auch X-RM-Test (X-repetition-maximum) genannt wird. Hierbei wird das maximal bewältigbare Gewicht für eine vorher definierte Wiederholungszahl ermittelt, im Vergleich zum Maximalkrafttest (1-RM), bei dem die Maximalkraft für die Bestimmung von submaximalen Trainingsintensitäten genutzt wird. In der Regel wählt der Tester die Wiederholungszahl, mit der auch im ersten Mesozyklus trainiert werden soll, um die korrekte Intensität für folgende Trainingseinheiten ableiten zu können. Die Wahl dieser Testung ist für die Probandin sinnvoll, da sie keine Erfahrungen mit maximalen Belastungen des Bewegungsapparates hat, welche beim Maximalkrafttest auftreten. Ebenso ist die hohe psychische Belastung bei one-repetition-maximum-Tests zu beachten, die Demotivation zur Folge haben kann.

### 1.2.1 Testablauf

Nach einem allgemeinen und speziellen Aufwärmen wird der erste Testsatz durchgeführt. Zimmer (1999, S. 46) und Eifler (2000, S.69) empfehlen als erstes Testgewicht am Latzug 20% des Körpergewichts bei Frauen und 30% bei Männern, 100% bei Frauen und 125% bei Männern an der Beinpresse, sowie 30% bei Frauen und 50% bei Männern beim Bankdrücken an der Multipresse. Nach dem ersten Testsatz sollte eine Pause von drei Minuten eingehalten werden, um die Energiespeicher wieder ausreichend zu füllen. Es folgen maximal zwei weitere Testsätze mit einer Gewichtserhöhung von 5%, 10% oder 25%, je nach subjektivem Belastungsempfinden der Testperson. Wenn die letzte Wiederholung der vorgegebenen Anzahl gerade noch konzentrisch vollzogen werden kann, ist das Ende des Tests erreicht und das Gewicht wird als Ergebnis festgehalten.

Die Probandin führte an den beabsichtigten Übungen und Geräten für den ersten Mesozyklus den Mehrwiederholungskrafttest mit je zwölf Wiederholungen durch. Eine Aus-

nahme stellt die Übung „statischer Unterarmstütz" dar, welche ohne Zusatzgewichte umgesetzt werden soll. Hier bestand die Testung darin, die maximale Haltezeit in der kor-
rekten Körperposition zu ermitteln. Die Empfehlungen von Zimmer und Eifler zur Wahl
und Steigerung der Testgewichte wurde versucht einzuhalten, gestaltete sich teilweise
jedoch als schwierig, auf Grund der möglichen Gewichtsabstufungen an den jeweiligen
Geräten.

## 1.2.2 Testergebnisse

Tabelle 2: Kraftdiagnostik, Mehrwiederholungskrafttest (12 RM)

| Testübung | Wdh. | 1. Testsatz | 2. Testsatz | 3. Testsatz | Resultat |
|---|---|---|---|---|---|
| Beinpresse im Sitzen | 12 | 55 kg | 70 kg | 90 kg | 90 kg |
| Abduktorenmaschine | 12 | 15 kg | 20 kg | 25 kg | 25 kg |
| Rudern mit Langhantel im Stand, Obergriff | 12 | 20 kg | 25 kg | -- | 20 kg |
| Butterfly Maschine | 12 | 16 kg | 20 kg | 25 kg | 25 kg |
| Crunches auf Petziball mit Kurzhantel | 12 | 5 kg | 7 kg | 10 kg | 10 kg |
| Statischer Unterarmstütz | Max. Haltezeit | 52 Sek. | 55 Sek. | 48 Sek. | 55 Sek. |
| Außenrotation am Seil-zug, frontal zum Block | 12 | 1,5 kg | 2,0 kg | 3,0 kg | 2,0 kg |

## 1.2.3 Schlussfolgerung/Konsequenzen

Ein Vorteil des Mehrwiederholungskrafttest ist die Möglichkeit der direkten Ableitung
von Trainingsintensitäten, also Widerständen unter Nutzung des Grobrasters der ILB-
Methode, welche genauer im Kontext der Makrozyklusplanung vorgestellt wird. Das
Grobraster orientiert sich am Trainingsalter der Testperson und gibt somit die optimale
Intensität und Wiederholungsanzahl für das individuelle Trainingsziel an.

Ebenso ermöglicht diese Art von Krafttest einen intraindividuellen Leistungsvergleich
bei konsequenter und exakter Standardisierung der Rahmenbedingungen, des Testablaufs
und der Methodik. Folglich kann die individuelle Leistungsentwicklung dokumentiert
werden.

Nicht möglich ist jedoch ein interindividueller Leistungsvergleich, also ein Vergleich mit entsprechenden Norm- oder Referenzwerten, da sehr viele Störgrößen und Einflussfaktoren auf den Test einwirken. Aufgabenstellung, Realisation und sportliche Zielgruppe sind ein Teil der Faktoren, die es mit ihrer Vielfalt unmöglich machen allgemeingültige Normwerte über die Höhe des Maximalkraftniveaus zu bilden (Tittle & Wutscherk, 1994).

## 2 Zielsetzung/Prognose

Tabelle 3: Zielsetzung

| Inhalt | Ausmaß | Zeit |
|--------|--------|------|
| Verbesserung Kraftleistung | 50 % | 6 Monate |
| Muskelaufbau, Hypertrophie | 2 kg | 6 Monate |
| Reduzierung Knieschmerzen | Schmerzskala:  von 6/10 auf 2/10 | 8 Wochen |

Zusammen mit der Testperson wurde als Hauptziel die Verbesserung ihrer Kraftleistung festgelegt, da sie dieses Ziel als Haupttrainingsmotiv beim Eingangsgespräch angegeben hat. Eine realistische Verbesserung der Kraftwerte wäre eine Steigerung um 50% innerhalb von sechs Monaten, also ungefähr der Dauer des geplanten Makrozyklus. Gemessen und verglichen werden soll diese Kraftsteigerung an den Übungen und Geräten des ersten Mesozyklus sowie der anfänglichen Krafttestung. Das Erreichen des Hauptziels hat ebenfalls einen positiven Einfluss auf die Reduzierung der Knieschmerzen, welche als drittes Ziel festgehalten wurden, da eine Kräftigung der Muskulatur auf die Gelenke eine stabilisierende Wirkung ausübt.

Als weiteres Ziel wurde die Zunahme an Muskelmasse definiert. Innerhalb eines halben Jahres sollen zwei Kilogramm Muskelmasse zusätzlich aufgebaut und somit auch der BMI in den Bereich des Normalgewichts erhöht werden.

Das letzte Ziel befasst sich mit der Reduzierung der Schmerzhäufigkeit und -stärke am Knie der Probandin, welche nach langem Stehen und Sitzen bei ihr auftreten, jedoch bisher nicht diagnostiziert sind. Auf einer Skala von 1 (kein Schmerz) bis 10 (sehr starke Schmerzen) ordnet sie sich bei 6 ein. Eine Reduzierung der Schmerzen auf Stufe 2 oder tiefer durch Kraftverbesserung und Stärkung der Muskulatur ist innerhalb des ersten Mesozyklus realistisch. Im Training ist bei der Kundin besonders auf die Ausführung der Übungen zu achten, die die Beine und das Knie betreffen, um mögliche Fehlhaltungen zu erkennen und in Zukunft zu vermeiden. Wichtig ist hierbei, dass Sprunggelenk, Knie und Hüfte in einer Achse bewegt werden.

Da die Testperson bereits Erfahrungen im Krafttraining gemacht hat, also kein Anfänger mehr ist, schätze ich die Zielerreichung der nicht zu hochgesteckten Ziele für realistisch und machbar ein.

# 3 Trainingsplanung Makrozyklus

## 3.1 Individuelle-Leistungsbild-Methode

Der folgende Makrozyklus, also die langfristige Trainingsplanung, wurde auf Grundlage der ILB-Methode (individuelle Leistungsbild-Methode) geplant. Dies ist eine Krafttrainingsmethode, die speziell für den kommerziellen Fitness- und Gesundheitssport aus trainingspraktischen Erfahrungen konzipiert wurde (Strack, 1999) und auf Basis eines Mehrwiederholungskrafttest angewendet wird. Eine wichtige Größe für die Steuerung der Belastungsparameter ist das Trainingsalter, also der Zeitabschnitt, seitdem der Kunde Krafttraining durchführt. In der ersten Phase, der Orientierungsphase, wird die Intensität rein über das subjektive Belastungsempfinden gewählt, wodurch das Training eher unspezifisch ist und überwiegend auf das motorische Lernen neuer Bewegungsabläufe abzielt. Nachdem ein Sportler diesen Abschnitt von eineinhalb Monaten durchlaufen hat, wird vor jedem neuen Mesozyklus ein X-RM-Test als Referenzgröße zur Berechnung von Trainingsintensitäten absolviert (Fifler, 2000, 2013; Zimmer, 1999).

Aus dem Grobraster werden nun alle Belastungsparameter, abhängig vom Trainingsalter herausgelesen. Es ermöglicht außerdem eine progressive Trainingssteigerung durch Anpassung der Parameter mit zunehmender Leistungsstufe. Als Wiederholungsanzahlen pro Serie wurde 15-30 für Kraftausdauertraining, 8-15 für ein Hypertrophietraining und 5-8 für ein Maximalkrafttraining festgelegt. Aufgrund der Zielgruppenorientierung an Freizeit- und Gesundheitssportlern, wurde die Wiederholungszahl für das Maximalkrafttraining bewusst etwas höher angesetzt, im Vergleich zu klassischen Trainingsmethoden. Eine neuromuskuläre Adaption und Kraftsteigerung ist aber trotzdem zu erwarten (Pette, 1999).

Vor jedem neuen Mesozyklus wird ein neuer Mehrwiederholungskrafttest mit der geplanten Wiederholungszahl und Übungen für die folgenden vier bis zwölf Wochen durchgeführt. Die ILB-Methode ist somit eine gute Alternative für den Freizeit-, Gesundheits- und Rehabilitationssport zum klassischen Maximalkrafttest. Für hoch motivierte Anfänger und gesundheitlich nicht eingeschränkte Sportler, die eine Intensität von 50-70% als Unterforderung und Demotivation auffassen, wurde eine Variante mit höheren Intensitäten entwickelt. Die Individuelle-Leistungsbild-Methode bildet somit eine Schnittstelle zwischen den klassischen Krafttrainingsmethoden auf Basis 1-RM und Krafttrainingsmethoden auf Basis des subjektiven Belastungsempfinden.

| Leistungsstufe | Zeitstufe in Monaten | Trainings-system | Anzahl der Trainings-einheiten pro Woche | Übungen pro Muskel-gruppe | Sätze pro Übung | Intensität (in % ILB) |
|---|---|---|---|---|---|---|
| Orientierungs-stufe | 0 – 1,5 | GK | 2 | 1 – 2 | 1 – 2 | Gering (kein ILB-Test) |
| Beginner | 1,5 – 6 | GK | 2 | 1 – 2 | 1 – 2 | 50 – 70 |
| Geübter | 6 – 12 | GK | 2 – 3 | 1 – 2 | 2 | 60 – 80 |
| Fortgeschrittener | > 12 | GK / Split | 3 – 4 | 1 – 3 | 2 – 3 | 70 – 90 |
| Leistungssportler | > 36 | GK / Split | 3 – 6 | 1 – 4 | 2 – 4 | 80 – 100 |

Abbildung 1: Grobraster zur Trainingsplanung nach der ILB-Methode (Koch, 2009)

## 3.2 Makrozyklusplanung

Tabelle 4: Makrozyklusplanung nach der ILB-Methode

| | Mesozyklus I | Mesozyklus II | Mesozyklus III | Mesozyklus IV |
|---|---|---|---|---|
| Zyklusdauer | 8 Wochen | 6 Wochen | 8 Wochen | 6 Wochen |
| Spezifisches Trainingsziel | Hypertrophie-training | Maximalkraft-training | Hypertrophie-training | Kraftausdauer-training |
| Anzahl Trainingseinheiten pro Woche | 2 | 2 | 3 | 3 |
| Organisationsform | Ganzkörper Station | Ganzkörper Station | Ganzkörper Station | Ganzkörper Zirkel |
| Anzahl Übungen pro Muskelgruppe | 1-2 | 1-2 | 1-2 | 1-2 |
| Anzahl Sätze pro Übung | 1-2 | 1-2 | 2 | 2 |

| Satzpausen | 60 Sek. | 90 Sek. | 60 Sek. | 30 Sek. |
|---|---|---|---|---|
| Wiederholungs-zahlen | 12 | 6 | 10 | 20 |
| Intensitäten (% ILB) | 50-70 | 50-70 | 60-80 | 60-80 |
| Bewegungstempo | 2 / 0 / 2 | 2 / 0 / 2 | 2 / 0 / 2 | 2 / 0 / 2 |

Die Makrozyklusplanung besteht aus vier Mesozyklen, die je sechs bis acht Wochen ab-decken, eine Zeitspanne, die sich im Fitness- und Gesundheitssport bewährt hat. Begon-nen wird mit Hypertrophietraining, welches auf den Aufbau von Muskelmasse und der Vergrößerung des Muskelquerschnitts abzielt, um einen neuen Reiz im Vergleich zum bisherigen Kraftausdauertraining mit überwiegend funktionsgymnastischen Übungen zu setzen. Anschließend wird ein Zyklus Maximalkrafttraining eingebaut, um die intramus-kuläre Koordination, die neuromuskuläre Ansteuerung sowie das Kraftniveau zu steigern. Die Integration eines solchen Zyklus ist bei der Probandin unbedenklich, da ihre Gesund-heits- und Leistungsvoraussetzungen dies zulassen und mit fünf bis acht Wiederholungen nicht im maximalen Bereich bis zur vollkommenen muskulären Ausbelastung trainiert wird. Die Sportlerin wird also durch ein Maximalkrafttraining auf Basis des ILB-Grob-rasters nicht überfordert und kann eine bedeutsame Festigung und Adaption der passiven Strukturen erlangen. Es folgt ein weiteres Intervall des Muskelaufbautrainings, aufgrund der Zielsetzung und den Trainingsmotiven der Probandin.

Abschließend wird ein Zyklus Kraftausdauertraining geplant, um alle Facetten der moto-rischen Fähigkeit Kraft einzuschließen, die Ermüdungswiderstands- und Regenerations-fähigkeit zu verbessern und zu der Testperson bereits bekannten, gewohnten Trainings-abläufen zurück zu kehren. Nach ILB-Grobraster werden die Trainingseinheiten pro Wo-che auf zweimal in den Mesozyklen I und II und auf dreimal in Mesozyklus III und IV festgelegt. Als Organisationsform wird das Ganzkörpertraining gewählt, da alle Haupt-muskelgruppen innerhalb einer Trainingseinheit berücksichtigt werden. Diese Form eig-net sich für alle Leistungsstufen und vor allem für Sportler, bei denen mehr als zwei bis drei Einheiten pro Woche nicht nötig oder möglich sind, wie zum Beispiel bei der Test-person.

Durch das Stationstraining, bei dem alle vorgegebenen Sätze, in dem Fall ein bis zwei, je nach Mesozyklus, an einer Übung nacheinander ausgeführt werden, bevor das Gerät ge-wechselt wird, kommt es zu einer starken Muskelermüdung der jeweiligen Muskel-gruppe. Beim Kreistraining oder auch Zirkeltraining wird an jeder Übung nur ein Satz absolviert und ohne Pause zur nächsten Station gewechselt. Einzelne Muskelgruppen werden abwechselnd trainiert und es ergibt sich ein optimales Verhältnis zwischen Trainingsquantität und Trainingsqualität. Diese Organisationsform wird für den vierten Mesozyklus eingeplant, da hierbei durch die geringe Pausenzeit besonders die Kraftausdauer geschult und Fett reduziert wird, also eine Körperformung stattfindet (Boeckh-Behrens & Buskies, 2007, S.43ff). Das ist ein wünschenswerter Effekt für die Probandin und ihr Trainingsmotiv: Muskelaufbau.

Die Wahl der Übungen pro Muskelgruppe, Sätze pro Übung, Wiederholungen und Intensitäten orientiert sich am ILB-Grobraster. Als Satzpausen werden 60 Sekunden beim Hypertrophietraining vorgesehen, da Buresh, Berg und French (2008) nachweisen konnten, dass diese Dauer starke hormonelle Reaktionen auslöst, die als positiver Einflussfaktor auf Hypertrophieprozesse gesehen werden. Im Mesozyklus II wird eine längere Satzpause von 90 Sekunden eingeplant, um die Sportlerin nicht zu überfordern. Martin et al. (1993, S.132) konnte für eine Verbesserung der Kraftausdauer kurze Satzpausen von unter 60 Sekunden nachweisen. Aufgrund der Organisationsform Zirkeltraining im letzten Mesozyklus wurden Pausen von maximal 30 Sekunden als Zeit für den Gerätewechsel festgelegt.

Um auch mit zunehmendem Leistungsniveau die Auslösung einer weiteren Leistungssteigerung zu provozieren, muss die Belastung progressiv erhöht werden (Friedmann, 2015, S.17). Die Testperson wechselt nach dem zweiten Mesozyklus in die höhere Leistungsstufe des ILB-Grobrasters und trainiert nun dreimal pro Woche mit erhöhter Intensität.

Durch den Wechsel von Trainingsziel und Übungsauswahl und einer Steigerung der Intensitäten liegt eine linear modifizierte Periodisierung vor, die den Krafttrainingsanfänger an höhere Intensitäten gewöhnt und die Motivation erhält. Als Basis wurde das Modell der klassischen linearen Periodisierung, auch Blockperiodisierung genannt, benutzt, welches progressiv ansteigende Intensitäten bei gleichzeitig regressiv abnehmenden Wiederholungszahlen vorsieht (Fröhlich, M., Müller, T., Schmidtbleicher, D & Emrich, E. 2009). Durch einen Wechsel der Trainingsziele und -methoden nimmt die Wiederholungszahl zwar nicht von Mesozyklus zu Mesozyklus ab, jedoch aber in Zyklen mit gleichem Trainingsziel. Die Intensität steigert sich kontinuierlich innerhalb eines Mesozyklus und abhängig von Trainingsalter im ILB-Grobraster von Mesozyklus zu Mesozyklus.

# 4 Trainingsplanung Mesozyklus

Tabelle 5: Mesozyklusplanung

| Mesozyklus I | | | | |
|---|---|---|---|---|
| Zyklusdauer | 8 Wochen | | | |
| Trainingsziel | Hypertrophie | | | |
| Trainingseinheiten pro Woche | 2x pro Woche | | | |
| Organisationsform | Ganzkörpertraining, Stationstraining | | | |
| Übungen pro Muskelgruppe | 1-2 | | | |
| Wiederholungen | 12 | | | |
| Intensität (% ILB) | 50-70% | | | |
| Bewegungstempo | 2/0/2 | | | |
| Satzpausen | 60 Sek. | | | |
| | | Intensität (% ILB) | | |
| Übungen | Sätze | Woche 1-2 50 % | Woche 3-4 55 % | Woche 5-6 60 % | Woche 7-8 70 % |
| Beinpresse im Sitzen | 2 | 45 kg | 50 kg | 55 kg | 65 kg |
| Hüftabduktionsmaschine | 1 | 12,5 kg | 12,5 kg | 15 kg | 17,5 kg |
| Langhantel-Rudern, vorgebeugt im Obergriff | 1 | 10 kg | 11 kg | 12 kg | 14 kg |
| Brustpresse | 1 | 12 kg | 14 kg | 16 kg | 18 kg |
| Crunch gerade, auf Petziball mit Kurzhantel | 2 | 5 kg | 5 kg | 6 kg | 7 kg |
| Statischer Unterarmstütz | 2 | 27,5 Sek. | 30 Sek. | 33 Sek. | 38,5 Sek. |
| Außenrotation Schulter am Seilzug, frontal zum Block | 2 | 1 kg | 1 kg | 1,5 kg | 1,5 kg |

Für die ersten acht Wochen trainiert die Probandin mit dem Ziel der Hypertrophie zweimal pro Woche. Das Ganzkörpertraining in Form eines Stationstrainings besteht aus ein
bis zwei Übungen pro Muskelgruppe, die je mit zwölf Wiederholungen und bei 50-70%
ausgeführt werden. Die Gewichtslasten ändern sich alle zwei Mikrozyklen, also jede
zweite Woche, um eine Anpassung zu erzwingen und immer einen optimal überschwel-
ligen Reiz auszulösen. Das Bewegungstempo wird aufgrund der Übersichtlichkeit und
Einheitlichkeit für jede Übung mit zwei Sekunden exzentrische Bewegung, null Sekunden isometrische Spannung am Umkehrpunkt und zwei Sekunden konzentrische Bewegung festgelegt. Als Satzpause wird eine Dauer von 60 Sekunden vorgesehen.

Mit drei von sieben Übungen liegt der Schwerpunkt des ersten Mesozyklus auf maschinengeführten Übungen. Da die Kundin bisher noch wenig Erfahrung mit Krafttraining an Geräten gemacht hat, ist es sinnvoll, den Vorteil von Krafttrainingsmaschinen zu nutzen, dass Bewegungsausführungen schnell und einfach zu erlernen sind (Fiedler, 2008). Geführte Bewegungen lassen eine geringere Übungsvarianz zu und schränken somit das Entstehen von Fehlerbildern ein. Außerdem ermöglichen sie einen leichten Trainingseinstieg für Beginner, wie die Testperson.

Begonnen wird das Training nach einem allgemeinen und speziellen Aufwärmen mit der Beinpresse im Sitzen. Hierbei wird die Muskulatur der Oberschenkelvorderseite (M. quadriceps femoris), der Oberschenkelrückseite (M. biceps femoris, caput longum; M. semitendinosus; M. semimembranosus) und die Gesäßmuskulatur (M. glutaeus maximus) trainiert. Diese Übung steigert die Beinkraft und trainiert die kniestabilisierende Muskulatur. Außerdem übt die Testperson die Eigenstabilisation des Kniegelenks, wodurch eine Beschwerdefreiheit im Alltag erreicht werden kann. Hier sollen zwei Sätze ausgeführt werden, da diese mehrgelenkige Übung hohe Priorität in der Zielerreichung und hohe Wirksamkeit durch das Trainieren großer Muskelgruppen besitzt. Zudem zählt diese Übung als intensivste und effektivste Beinübung, da hier die meisten Muskelfasern angesprochen werden (Boeckh-Behrens & Buskies, 2007, S. 261). Im Vergleich zur Kniebeuge mit Freihanteln ist die Kniebeuge in der Beinpresse einfacher zu lernen und auszuführen. Folgend wird ein Satz an der Hüftabduktionsmaschine absolviert, um auch den mittleren und kleinen Gesäßmuskel, sowie den Oberschenkelbindenspanner zu trainieren. Diese Übung verhindert eine X-Stellung der Beine, die bei Frauen durch die Hüftbreite sehr häufig auftritt und auch bei der Probandin für die Schmerzen im Knie nach langem Stehen oder Sitzen führen könnte. Hier sind ebenfalls wieder zwei Sätze mit zwölf Wiederholungen vorgesehen, um diese Muskulatur ausreichend zu belasten und die Knieproblematik zu beschränken.

Bevor eine weitere maschinengeführte Übung für die Brust umgesetzt wird, ist eine Freihantelübung für den Rücken geplant. Der Nachteil der geringen geforderten Eigenstabilisation in Maschinen wird hierdurch ausgeglichen. Durch Übungen mit freien Gewichten wird die Autostabilisation des Körpers gefördert und mehrere synergistisch wirkende Muskelgruppen sind beteiligt. Dadurch ist der metabolische Effekt höher (Haff, G. G. 2000). So sind beispielsweise bei der Übung „Langhantel-Rudern vorgebeugt" die Rückenmuskeln M. latissimus dorsi, M. teres major, M. trapezius pars transversa, Mm. erector spinae sowie die Oberarmmuskeln M. biceps brachii, M. biceps brachialis und M.

brachioradialis und der hintere Anteil des Deltamuskels an der Schulter (M. deltoideus pars spinata) beteiligt. Die Kräftigung dieser Muskeln schult eine aufrechte und ergonomische Haltung, beispielsweise für Schreibtischarbeiten. Im Vergleich zu Rudern an der Maschine ist die Anforderung an die Rumpfmuskulatur bei vorgebeugtem Langhantelrudern deutlich höher und die intermuskuläre Koordination wird besser geschult.

Zum Kraftausgleich und zur Stabilisation wird nach einem Satz Rudern nun die Gegenmuskulatur, mit ebenfalls einem Satz an der Brustpresse trainiert. Da Bankdrücken mit einer Langhantel eine koordinativ sehr anspruchsvolle Bewegung ist und die Varianz der Fehlerbilder sehr hoch ist, wurde die Brustpresse als maschinengeführte Übung ausgewählt. Die Probandin belastet den M. pectoralis major, den M. deltoideus pars acromialis und pars clavicularis, sowie den M. triceps brachii.

Es folgt die Kombination einer funktionsgymnastischen Übung, dem Oberkörperheben in Rückenlage, auch „gerader Crunch" genannt, erschwert durch die Hinzunahme einer Kurzhantel, ausgeführt auf einem Petziball. Durch die Wölbung des Balls wird die volle Bewegungsweite erreicht, im Gegensatz zu herkömmlichen Maschinen zum Training der Bauchmuskulatur. Die Testperson belastet mit zwei Sätzen ihre geraden, inneren und äußeren schrägen, sowie querverlaufenden Bauchmuskeln. Dies bringt ihr, die als Ziel gesetzte, gewünschte Kräftigung und den Aufbau der Muskulatur. Durch den hohen koordinativen Anspruch von funktionsgymnastischen Übungen wird die Alltagsmotorik gefördert und alltagsnahe Bewegungen geschult. Als vorletzte Übung führt die Kundin den statischen Unterarmstütz durch. Diese Übung trainiert oben genannte Bauchmuskulatur, den Oberschenkelmuskel M. quadriceps femoris, den M. iliopsoas und alle Schulterblattstabilisatoren und auf das Schultergelenk einwirkende Muskeln. Da die Testperson durch vorheriges Kraftausdauertraining bereits viel Erfahrung mit solcher Art von Übungen hat und der Unterarmstütz eine ihrer Lieblingsübungen für sie darstellt, wurde er auch in den ersten Mesozyklus übernommen. Dies verhindert eine Überforderung durch zu viele neue Übungen und steigert die Motivation mit Übungen, die der Person Spaß machen. Da jedoch ohne Hinzunahme von Kurzhanteln oder Therabändern die Intensitätssteuerung ausschließlich induktiv und über die Belastungsdauer möglich ist, soll die Probandin diese statische Übung jeweils 50-70% der maximalen Haltezeit, getestet im vorhergehenden Krafttest, halten. Der statische Unterarmstütz stärkt die komplette Rumpfmuskulatur und trainiert eine Autostabilisation der Körpermitte, die vor allem bei Freihanteltraining sehr wichtig ist.

Abschließend folgt eine Übung am Seilzug, die „Außenrotation des Schultergelenks". Die höhenverstellbaren Umlenkrollen werden auf Höhe des Ellenbogens platziert und die Sportlerin stellt sich frontal zum Seilzug. Dadurch wirkt vor allem im endgradigen Bereich die höchste Belastung auf die Muskulatur ein, wodurch eine aufrechte Haltung mit retroversierten Schultern trainiert wird. Verantwortlich für die Außenrotation sind der M. supraspinatus, M. infraspinatus, M. teres minor und der M. deltoideus pars spinata. Die Probandin sollte diese Bewegung am Seilzug ausführen, da die Wirkungsrichtung der Gewichtslast, im Vergleich zu einer Kurzhantel, in alle Richtungen des Raumes möglich ist (Weber & Hellhake, 2004, S.4). Der Transfer auf Alltags-, Berufs- und sportartspezifische Bewegungsmuster ist jedoch im Gegenteil zum Freihanteltraining je nach Übung geringer.

Der Schwerpunkt liegt dadurch, mit fünf von sieben Übungen, auf Übungen, die mehrere Gelenke beanspruchen und bewegen, da dies meist alltagsnahe Bewegungen sind, wie zum Beispiel die Beinpresse. Außerdem werden Muskelketten trainiert, also mehrere Muskeln, „die über Knochen und Faszien strukturell und in Funktion verbunden sind" (Rachl, 2019). Die Entlastung der passiven Strukturen durch physiologische Gelenkmechanik und muskuläre Sicherung ist ein weiterer Vorteil der mehrgelenkigen Übungen verglichen mit eingelenkigen Übungen. Hierbei kann jedoch eine Muskelgruppe isoliert trainiert werden und es findet keine Kompensation durch andere Muskelgruppen statt. Außerdem sind die Bewegungen motorisch und technisch meist weniger anspruchsvoll und leichter auszuführen. Ein Nachteil, der vor allem bei Trainierenden mit gesundheitlichen Einschränkungen oder Verletzungen beachtet werden muss, ist, dass bei eingelenkigen Übungen Scher- und Schubkräfte auftreten, wobei Flächen in Relation zueinander verschoben werden (Bundesministerium für Soziales, Gesundheit, Pflege und Konsumentenschutz Österreich, 2020) und die Gelenke nicht durch weitere Muskeln gesichert sind. Insgesamt überschreitet das Krafttraining, inklusive eines zehnminütigen Aufwärmprogramms, nicht die Dauer eine Stunde. Nach 45-60 Minuten kommt es zu einer zentralnervösen Ermüdung und einer erhöhten Cortisolproduktion (Global Nutrition LTD, o.J.). Es wurde versucht, die Gewichtsangaben möglichst genau nach den ILB-Intensitätsangaben zu richten, was sich jedoch durch die vorgegebenen Abstufungen der Geräte teilweise als schwierig erwiesen hat.

# 5 Literaturrecherche: Effekte des Krafttrainings bei Osteoporose

## 5.1 Studie 1

Tabelle 6: Studie 1

| Autor | M. Siegrist, C. Lammel, D. Jeschke (deutsche Zeitschrift für Sportmedizin) |
|---|---|
| Erscheinungs-jahr | 2006 |
| Forschungs-frage | Führt bei postmenopausalen Frauen mit Osteopenie ein progressives Krafttraining mit oszillierenden Geräten zu vergleichbaren Veränderungen an Knochenparametern der Lendenwirbelsäule und des Oberschenkelhalses, wie ein konventionelles apparatives Krafttraining, mit Wirbelsäulengymnastik als Kontrollintervention? |
| Probanden | 100 postmenopausale Frauen rekrutiert <br> • 50 bis 70 Jahre alt <br>   o Gruppe 1: 61,4 ± 4,7 <br>   o Gruppe 2: 60,6 ± 4,8 <br>   o Gruppe 3: 59,4 ± 4,1 <br> • Vorliegen der Menopause <br> • BMI zwischen 18 und 30 kg/m² <br> • Flächenbezogene Knochendichte an Lendenwirbelsäule und Oberschenkelhals zwischen -1 und -2,5 Standardabweichung <br> • Ausschlusskriterien: Erkrankungen oder Medikamente mit Einfluss auf Knochenstoffwechsel oder Trainingsfähigkeit <br> 69 Frauen wurden aufgenommen |
| Versuchsauf-bau | In einem Zeitraum von 12 Monaten <br> Vorbereitung: <br> • Anamnese und klinische Untersuchung, Fahrradergometrie, Osteodensitometrie, Kraftmessungen, Befindlichkeitsmessungen, Alltags- und Sportaktivität erfasst <br> Trainingsgruppen: (per Los eingeteilt) <br> 1. Wirbelsäulengymnastik (WS): alle Probandinnen, 2x pro Woche, 45 Minuten angeleitete Wirbelsäulengymnastik, Intensität an Alltagsreizen orientiert, rumpfstabilisierende Übungen als Schwerpunkt <br> 2. Konventionelles Krafttraining an Geräten (KT): 26 Frauen, ergänzend zur WS, 2x pro Woche, 4-6 Wochen Eingewöhnungstraining, dann Muskelaufbautraining mit 60-80% des 1-RM, jeweils ein Satz, 9 Übungen, etwa + 30 Minuten <br> 3. Oszillierendes Training (VT): 23 Frauen, ergänzend zur WS, 2x pro Woche, 20-25 Kniebeugen auf Vibrationsplattform, mit Gewichtsweste, außerdem Bizepscurl mit Nackendrücken mit oszillierender Hantel, maximal 8-12 Wiederholungen, je ein Satz, etwa + 10 Min. |
| Ergebnisse | • KT führt verglichen mit WS zu einer Vergrößerung der Knochenfläche am Oberschenkelhals (+ 1,3%) <br> • Keine signifikanten Veränderungen an der Lendenwirbelsäule <br> • Zunahme der maximalen dynamischen Kraft durch beide Krafttrainingsformen: Beinstrecker KT +50%, VT +54%, WS +22%, Armbeuger +24% KT, +17% VT, <br> • Schmerzen und Wohlbefinden besserten sich durch WS am besten |

| | • Fahrradergometrisch: Zunahme relative Maximalleistung durch KT um +8% und WS um +6%, bei VT keine signifikanten Änderungen |
|---|---|
| Schluss-folgerungen | Wirbelsäulengymnastik:<br>• Kann Wohlbefinden und Kraft deutlich verbessern<br>• Hat positiven Einfluss auf Lebensqualität und Reduzierung Sturzrisiko<br>Oszillierendes Training:<br>• Erbringt unter Zuhilfenahme von Zusatzgewichten Kraftverbesserungen<br>• Stellenwert in Osteoporoseprävention muss weiter untersucht werden<br>Konventionelles Krafttraining:<br>• Deutliche Kraftgewinne<br>• Verbesserung der Knochengeometrie<br>Als präventives Osteoporose-Training gut geeignet |

## 5.2 Studie 2

Tabelle 7: Studie 2

| Autor | W. Kemmler, S. von Stengel, C. Beeskow, R. Pintag, D. Lauber, J. Weineck, J. Hensen, W. Kalender, K.Engelke |
|---|---|
| Erschei-nungsjahr | 2004 |
| Forschungs-frage | Welchen Einfluss hat optimierte körperliche Belastung auf Knochenparameter bei früh-menopausalen Frauen mit Osteopenie? |
| Probanden | 137 früh-postmenopausel Frauen mit Osteopenie rekrutiert<br>• 1-8 Jahre postmeonpausal<br>• Alter:<br>   o Gruppe 1: 55,2 ± 3,3<br>   o Gruppe 2: 55,8 ± 3,1<br>• Ausschlusskriterien: sekundäre Osteoporose, bekannte osteoporotische Frakturen, Medika-mente/Erkrankungen mit Wirkung auf Knochenmetabolismus, Herz-Kreislauf- oder entzünd-liche Erkrankungen, geringe körperliche Leistungsfähigkeit, Leistungssportler<br>104 Teilnehmerinnen für 3-Jahresmessung, 78 in Analyse eingeschlossen, davon:<br>• 48 von 86 Frauen aus Trainingsgruppe<br>• 30 von 51 Frauen aus Kontrollgruppe |
| Versuchs-aufbau | Über einen Zeitraum von 3 Jahren<br>• 1500 mg/Tag Kalzium- und 500 IE/Tag Vit-D-Versorgung für alle Probandinnen<br>1.Trainingsgruppe:<br>• Zwei gemeinsame Trainingseinheiten (je 60-70 min), Aufwärmphase mit Laufspielen und Aerobic, nach sechs Monaten Beginn einer Sprungsequenz: Seilspringen während den ers-ten zwei Monaten sowie mulitdirektionale Sprünge, Kraftübungen mit axialer Belastung, Muskelzugbelastungen<br>• Zwei Heimtrainingseinheiten (je 25 min), nach sechs Monaten Seilspringen, isometrisches Maximalkrafttraining 8-10 Übungen, dynamisches Maximalkrafttraining mit elastischen Bän-dern 3 Übungen<br>• Langsame und behutsame Vorbereitung, Periodisierung mit langen Regenerierungszeiten<br>2.Kontrollgruppe:<br>Nur Einnahme von Kalzium und Vitamin D |
| Ergebnisse | Ergebnisse: |

|  | • Abnahme Trainingshäufigkeit vor allem im ersten Jahr |
|---|---|
|  | • Anwesenheitsrate trotzdem relativ hoch mit 70% |
|  | • Drop-out Rate relativ niedrig, 21 % Trainingsgruppe, 29% Kontrollgruppe |
|  | • Schmerzintensität und -häufigkeit verringert sich innerhalb der Trainingsgruppe, vor allem an Brustwirbelsäule und Lendenwirbelsäule (LWS), an Knie/Hüfte/Sprunggelenk/Schulter keinen signifikanten Änderungen |
|  | • Kontrollgruppe tendiert zu mehr Schmerzen |
|  | • Knochendichte an LWS und proximalem Femur stabil oder ansteigend bei Trainingsgruppe, bei Kontrollgruppe signifikante Reduktionen, Knochendichte am Unterarm bei beiden Gruppen reduziert |

| Schlussfol-gerungen | Schlussfolgerungen: |
|---|---|
|  | • Trainingsprogramm kann als effektiv, sicher und attraktiv eingeschätzt werden, kann mit einfachen Mitteln durchgeführt werden |
|  | • Primäres Ziel der Reduktion des Knochenabbaus wurde erreicht |
|  | • Positive Effekte auf Knochendichte und andere mit Östrogenmangel verbundene Risikofaktoren |
|  | • Durch ein körperliches Training in Verbindung mit Kalzium und Vitamin D Versorgung kann der frühpostmenopausale Knochenverlust bei osteopenischen Frauen gestoppt werden |
|  | Bei alleiniger Gabe von Kalzium und Vitamin D ist das nicht der Fall. |

# 6 Literaturverzeichnis

Boeckh-Behrens, W.-U. & Buskies, W. (2007). *Fitness-Krafttraining, Die besten Übungen und Methoden für Sport und Gesundheit.* 11. Auflage. Reinbek bei Hamburg: Rowohlt.

Bundesministerium für Soziales, Gesundheit, Pflege und Konsumentenschutz Österreich. (2020). *Scherkräfte.* Zugriff am 14.03.2020. Verfügbar unter https://www. gesundheit.gv.at/lexikon/s/lexikon-scherkraefte

Buresh, R., Berg, K. & French, J. (2008). The effect of resistive exercise rest interval on hormonal response, strength, and hypertrophy with training. *Journal of Strength an Conditioning Research,* 23 (1), 62-71.

Eifler, C. (2000). *Krafttraining nach der ILB-Methode – Eine empirische Überprüfung der Trainingseffekte bei Anfängern und Fortgeschrittenen.* Unveröffentlichte Diplomarbeit. Universität des Saarlandes, Saarbrücken.

Eifler, C. (2013). *Empirische Überprüfung der Effekte verschiedener Ansätze zur Intensitätssteuerung im fitnessorientierten Krafttraining.* Dissertation. Universität des Saarlandes, Saarbrücken.

Fiedler, M. (2018). *Freie Gewichte oder Maschinen – was ist besser?* Zugriff am 15.03.2020. Verfügbar unter https://martin-fiedler.at/freie-gewichte-oder-maschinen_was-ist-besser/

Friedmann, K. (2015). *Trainingslehre – Sporttheorie für die Schule* (3. überarbeitete Aufl.). Lichtenstein: Promos Verlag.

Fröhlich, M., Müller, T., Schmidtbleicher, D & Emrich, E. (2009). Outcome-Effekte verschiedener Periodisierungsmodelle im Krafttraining. *Deutsche Zeitschrift für Sportmedizin,* 60 (10), 307-314.

Haff, G. G. (2000). Roundtable discussion: machines versus free weights. *Strength and Conditioning Journal,* 22 (6), 18-30.

Global Nutrition LTD. (o. J.). *Cortisol und der Einfluß auf den Muskelaufbau.* Zugriff am 16.03.2020. Verfügbar unter https://www.global-nutrition.de/news/cortisol-wirkung-krafttraining/

Kemmler, W., von Stengel, S., Beeskow, C., Pintag, D., Lauber, J., Weineck, J. et al. (2004). *Umsetzung moderner trainingswissenschaftlicher Erkenntnisse in ein knochenanaboles Training für früh-postmenopausale Frauen. Die Erlanger Fit-*

*ness Osteoporose Präventions Studie (EFOPS).* Zugriff am 10.03.2020. Verfügbar unter https://www.researchgate.net/publication/246491693_Umsetzung_mo-
derner_trainingswissenschaftlicher_Erkenntnisse_in_ein_knochenanabo-
les_Training_fur_fruh-postmenopausa-le_Frauen_Die_Erlanger_Fitness_Osteo-
porose_Praventions_Studie_EFOPS

Koch, T. (2009). *Für langfristige Trainingsgestaltung – Die ILB-Methode.* Zugriff am
12.03.2020. Verfügbar unter: https://www.team-andro.com/die-ilb-methode.html

Mancia, G., Fagard, R., Narkiewicz, K., Redòn, J., Zanchetti, A., Böhm, M. et al. (2013).
2013 ESH/ESC Guidelines for the management of arterial hypertension. The task
force for the management of arterial hypertension of the European Society of Hy-
pertesion (ESH) and of the European Society of Cardiology (ESC). *Journal of
hypertension,* 31 (7), 1281–1357.

Marschall, F. & Fröhlich, M. (1999) Überprüfung des Zusammenhangs von Maximalkraft
und maximaler Wiederholungszahl bei deduzierten submaximalen Intensitäten.
*Deutsche Zeitschrift für Sportmedizin,* 50 (10), 311-314.

Martin, D., Carl, K. & Lehnertz, K. (1993). *Handbuch Trainingslehre* (2. Aufl.). Schorn-
dorf: Hofmann.

Pette, D. (1999). Das adaptive Potential des Skelettmuskels. *Deutsche Zeitschrift für
Sportmedizin,* 50 (9), 262-271.

Rachl, M. (2019). *Muskelketten, Faszien und Meridiane behandeln – Folge #026* Zugriff
am 14.03.2020. Verfügbar unter https://muskel-gesundheit.de/myoreflex-
therapie-muskelketten-faszien-meridiane-behandeln-folge-026/

Siegrist, M., Lammel, C., Jeschke, D., (2006). *Krafttraining an konventionellen bzw. os-
zillierenden Geräten und Wirbelsäulengymnastik in der Prävention der Osteoporose bei postmenopausalen Frauen. Deutsche Zeitschrift für Sportmedizin.* Zugriff am 09.03.2020. Verfügbar unter https://www.germanjournalsportsmedi-
cine.com/fileadmin/content/archiv2006/heft07_08/182-188.pdf

Strack, A. (1999). Methodik des modernen Krafttrainings im Fitness- und Gesundheitssport. *Zeitschrift Trainer,* 3, 11-14.

Tittel, K. & Wutscherk, H. (1994). Anthropometrische Faktoren. In P. V. Komi (Hrsg.),
*Kraft und Schnellkraft im Sport* (S. 183-199). Köln: Deutscher Ärzte-Verlag.

Weber, R. & Hellhake, S. (2004). *Seilzuggeräte optimal nutzen.* Bad Krozingen: Frei AG.

World Health Organisation (2020). *Body mass index – BMI.* Zugriff am 16.03.2020. Verfügbar unter http://www.euro.who.int/en/health-topics/disease-prevention/

nutrition/a-healthy-lifestyle/body-mass-index-bmi

Zimmer, M. (1999). *Entwicklung und Erprobung eines Mehrwiederholungstests zur Erfassung der Kraftleistung im Fitneß-Training.* Unveröffentlichte Diplomarbeit. Universität des Saarlandes, Saarbrücken.

# 7 Abbildungs- und Tabellenverzeichnis

## 7.1 Abbildungsverzeichnis

## 7.2 Tabellenverzeichnis